Pe. ISAC LORENA, C.Ss.R.

VIDA DE
SÃO PAULO
APÓSTOLO

Coordenação Editorial: Elizabeth dos Santos Reis
Copidesque: Vanini N. Oliveira Reis
Revisão: Ana Lúcia de Castro Leite
Diagramação: Juliano de Sousa Cervelin
Capa: Mauricio Pereira

Dados Internacionais de Catalogação na Publicação (CIP)
(Câmara Brasileira do Livro, SP, Brasil)

Lorena, Isac
 Vida de São Paulo Apóstolo / Isac Lorena. — Aparecida, SP: Editora Santuário, 2003.

 ISBN 85-7200-846-2

 1. Paulo, Apóstolo, Santo I. Título.

03-1119   CDD-270.092

Índices para catálogo sistemático:
1. Santos cristãos: Vida e obra 270.092

Este livro foi composto com as famílias tipográficas Times e Times New Roman e impresso em papel Offset 75g/m² pela **Gráfica Santuário.**

6ª impressão

Todos os direitos reservados à **EDITORA SANTUÁRIO** – 2025

Rua Pe. Claro Monteiro, 342 – 12570-045 – Aparecida-SP
Tel.: 12 3104-2000 – Televendas: 0800 - 0 16 00 04
www.editorasantuario.com.br
vendas@editorasantuario.com.br

Se e entre nós muitos são os santos que atraíram a admiração, e até ganharam a piedade popular, São Paulo certamente não teve esse privilégio. Foi ele o apóstolo por excelência, a figura mais brilhante da Igreja primitiva, mas dele o nosso povo conhece apenas o nome. Sua vida e atividade, sua doutrina e seus exemplos, embora estampados em alguns livros, daí não saíram, continuando o apóstolo como um ilustre desconhecido entre nós. Basta pensar que, das nossas paróquias por este Brasil afora, pouquíssimas levam o seu nome, e raramente encontraremos uma igreja ou uma simples capela construída em sua honra.

Um mundo paganizado como o nosso não teria muito a ganhar se olhasse novamente para o apóstolo dos gentios, procurando ouvir a sua palavra, e meditando os seus exemplos? Sem dúvida.

Que estas páginas possam despertar em nós um pouco mais de interesse por essa impressionante figura de São Paulo, o convertido que, detestando condescendências e meias medidas diante do erro, quis ser e foi realmente o cristão autêntico, na figura de um discípulo e apóstolo de Cristo.

JUDEU CEM POR CENTO

Tanto para os gentios, como para os judeus, Saulo nunca fez segredo de sua origem e nacionalidade. Pelo contrário, era até com certo orgulho que ele afirmava sempre a cor do seu sangue. Referindo-se aos seus compatriotas, ele escreve na Segunda Carta aos fiéis de Corinto (11,22): "Eles são hebreus? Eu também. São israelitas? Eu também. Descendentes de Abraão? Eu também". E para não deixar dúvidas ainda esclarecia: "descendente de Abraão, pela tribo de Benjamim" (Rm 11,1). Isto ele o fazia para mostrar aos judeus e gentios que, diante de Deus, o que vale não é a descendência nem o sangue, mas a fé em Cristo, que pode ser vivida por qualquer indivíduo, independente de sua nacionalidade.

Filho de pais judeus, Saulo era também cidadão romano por ter nascido em Tarso, cidade então considerada parte do município de Roma devido a sua importância.

Seus pais judeus deram-lhe o nome de Saul (ou Saulo), e foi este o nome que ele ouviu, no momento de sua conversão, a caminho de Damasco: "Saulo, Saulo, por que me persegues?" (At 9,4). Mais tarde já convertido e pregando na ilha de Chipre, o próprio apóstolo adotou o nome de "Paulo", talvez em homenagem ao governador da ilha, chamado Sérgio Paulo. E São Lucas (At 13,9) fala-nos dessa mudança, dizendo: "Mas Saulo, que também se chama Paulo..." E é assim que ele passa a ser chamado sempre nos Atos dos Apóstolos.

De família judaica, o garoto Saulo desde os primeiros anos já começou a receber a educação rígida e severa que os judeus costumavam dar a seus filhos. Os primeiros educadores eram sempre os pais que, em casa, iniciavam as suas crianças no estudo e conhecimento das leis e tradições, como norma absoluta para a vida de um futuro israelita. Para os judeus, o conhecimento da religião e de tudo o que lhe dizia respeito era uma obrigação sagrada, que nunca podia ser esquecida.

Esse estudo era todo dirigido ao conhecimento das Escrituras Sagradas, ao significado das palavras ou imagens, enquanto o educando já ia sendo iniciado na observância da Lei e das chamadas tradições paternas. Estas eram um verdadeiro emaranhado de regras, proibições e obrigações que acabavam impedindo o judeu adolescente de pensar ou agir por conta própria. Uma camisa de força que só poderia terminar em escravidão. Mais tarde o apóstolo iria condenar, com toda coragem e veemência, essa tirania das leis e tradições judaicas.

Terminada essa primeira fase da educação (curso primário), os já adolescentes judeus começavam a cursar a sinagoga, onde mestres mais abalizados procuravam inculcar aos educandos o zelo pela estrita observância da Lei. Era esse um curso superior, destinado a despertar nos educandos o desprezo e até o ódio a qualquer ideia contrária à Lei ou às Tradições dos antepassados. Daí a aversão e a fúria do jovem perseguidor Saulo contra os cristãos (Gl 1,13).

Terminado esse curso na sinagoga, ele ainda continuou aprofundando seus estudos, e alimentando sempre mais o seu ódio a tudo o que não estivesse de acordo com as suas convicções religiosas. Tornou-

-se assim um verdadeiro mestre e doutor da Lei, apesar de sua pouca idade. Foi ele mesmo quem depois escreveu: "Progredi no judaísmo, além de muitos dos meus colegas de idade, tornando-me um defensor implacável das minhas tradições paternas" (Gl 1,14).

Defendendo porém com zelo implacável essas tradições, de uma o jovem Saulo simplesmente se dispensou, não se casando entre os dezoito e vinte anos, conforme o costume dos judeus. Preferiu permanecer celibatário durante toda a vida. E isso talvez pelo desejo de maior liberdade para estudar e combater, sem tréguas, os inimigos da Lei e tradições do seu povo. Não imaginava nem podia imaginar que, mais tarde, iria ser o mais ferrenho adversário de tudo aquilo que então defendia. "Sobre a minha conduta no judaísmo, anos atrás, ouvistes como eu vivia perseguindo a Igreja de Deus, e tentando arrasá-la" (Gl 1,13).

Sempre apaixonado pelos estudos, ou empenhado em combater os inimigos do seu povo, Saulo também não aceitou ficar na dependência de outros, na sua vida de cada dia.

Como os judeus do seu tempo, que não se envergonhavam do trabalho manual, ele também quis ter o seu ofício, garantindo assim o seu pão com o suor do próprio rosto. E que ofício seria esse? Anos mais tarde, já como apóstolo, ele falou aos tessalonicenses a respeito do seu trabalho manual (1Ts 2,7 e 2Ts 3,7-9), o mesmo acontecendo com os emissários de Éfeso (At 20,34). De acordo com a Tradição, Paulo, para ganhar o seu sustento, trabalhava fabricando tendas, ou barracas de couro, usadas pelos viajantes daquele tempo.

Reflexão

Nascido e educado no judaísmo, Saulo não podia mesmo ser outro tipo de judeu. Com o seu apego à Lei, aos costumes e tradições do seu povo, ele soube corresponder ao trabalho de seus pais e educadores, mantendo-se fiel à formação que recebera. Para ele a Verdade estava em tudo o que a Lei e as tradições prescreviam. Era o que lhe mostravam os seus estudos, feitos com toda aplicação e sinceridade. Se nem tudo era perfeição nos costumes do seu povo, a Lei judaica era a Palavra de Deus, dirigida a Israel, e dela um judeu sincero nunca poderia afastar-se.

Com o seu desejo de não só conhecer a Verdade, mas de empenhar-se em viver absolutamente sincero consigo mesmo, Saulo não estará sendo um modelo para nós? Se ele ainda não havia nascido para o Novo Testamento, era natural que para ele a expressão de toda a Verdade fosse aquela Lei, entregue por Moisés ao povo israelita. No dia em que conheceu essa Lei com a fisionomia que Cristo lhe deu, como expressão do amor e misericórdia do Pai, ele não hesitou em recebê-la, com a mesma sinceridade e prontidão. Inaugurando um Novo Testamento, Cristo deu àquela Lei um novo nome: a vontade do Pai. E, se ninguém tão Pai como Deus, qual a nossa atitude diante dessa vontade, em todas as situações de nossa vida?

O CONVERTIDO

Já em idade adulta, reconhecido como um mestre da Lei culto e zeloso, Saulo não tardou em filiar-se ao partido dos fariseus. Tratava-se de uma agremiação política e religiosa, organizada para defender a religião judaica, e também para impor os direitos políticos daquele povo que se julgava privilegiado e superior a todos os povos do mundo.

Em Saulo os chefes judeus viam um elemento dotado de todas as qualidades para vir a ser logo um líder, capaz de sujeitar todas as nações do mundo ao domínio político e religioso de Israel. Para isso não lhe faltavam cultura, arrojo, e principalmente um ódio feroz a tudo o que destoasse do judaísmo. Mais tarde ele mesmo iria escrever aos filipenses: "Devorado pelo ciúme, eu vivia perseguindo a Igreja" (Fl 3,6).

Mas aquele líder, com o qual sonhavam os chefes judeus, já estava nos planos divinos destinado a uma missão que eles nunca haviam imaginado: propagar e defender, com todas as forças, justamente aquela doutrina que tanto odiava. "Aquilo que me parecia uma grande vantagem, acabou sendo um grande prejuízo, por causa de Cristo... por amor a ele renunciei a tudo como a um lixo" (Fl 3,7-10).

A conversão de um perseguidor como Saulo. Odiando como ele odiava a doutrina do nazareno; perseguindo impiedosamente aqueles "ignorantes" que se diziam cristãos; com um futuro brilhante entre os seus colegas fariseus que tanto o admiravam... de repente põe de lado toda a formação que recebera, esquece a Lei, as tradições paternas, as amizades que o rodeavam, para tornar-se o mais fervoroso defensor daqueles que, antes, tanto havia odiado. Humanamente uma conversão inexplicável. No entanto para a desolação dos mestres da Lei ela ocorreu.

Para melhor satisfazer seu ódio aos cristãos, Saulo havia deixado Tarso, passando a trabalhar em Jerusalém, então capital do judaísmo, onde era mais acirrada a perseguição contra os seguidores do nazareno. E foi ali que ele colaborou no martírio de Santo Estêvão. Para que os soldados pudessem apedrejar com mais facilidade o primeiro mártir do cristianismo, Saulo prontificou-se a ajudar. E foi ele mesmo quem escreveu mais tarde: "Quando se derramava o sangue de Estêvão, eu fui testemunha; estava lá, consentindo em tudo, e até guardei os mantos daqueles que o apedrejavam" (At 22,20). Dada a sua fúria contra os cristãos, podemos bem imaginar a alegria e o prazer do perseguidor ante a crueldade daquela morte.

Foi por essa ocasião que começaram a chegar até Jerusalém notícias alarmantes a respeito de um perigoso foco de cristianismo na cidade de Damasco. Ali o número de cristãos aumentava sempre mais, e a doutrina que ensinavam já estava alastrando-se por toda a região.

Enfurecido, Saulo chamou a si o encargo de acabar com aquele problema. Estímulo e apoio para isso não lhe faltavam da parte das autoridades.

Antegozando as delícias daquela empreitada, o perseguidor preparou-se cuidadosamente, mal sabendo que, ao final daquela luta, o vencido iria ser ele mesmo. Anos mais tarde, já convertido e apóstolo, Paulo deve ter feito o relato de sua conversão a São Lucas, seu discípulo e autor dos Atos dos Apóstolos. A respeito ele escreveu: "Fremindo de ameaças e propósitos de matança contra os discípulos do Senhor, Saulo dirigiu-se ao sumo sacerdote, e solicitou-lhe cartas para as sinagogas de Damasco, a fim de poder levar presos para Jerusalém os que acaso encontrasse professando essa doutrina, fossem eles homens ou mulheres. Mas, durante a viagem, quando já se aproximava de Damasco, de repente uma luz do alto envolveu-o em seu clarão. Caindo por terra, ouviu uma voz que lhe dizia: 'Saulo, Saulo, por que me persegues?' Ele perguntou: 'Quem és Tu, Senhor?' Este respondeu: 'Eu sou Jesus, a quem persegues. Mas levanta-te e entra na cidade; lá saberás o que deves fazer'. Os homens que com ele viajavam ficaram mudos de espanto; ouviram a voz, mas não viram ninguém. Saulo levantou-se do chão, mas, mesmo de olhos abertos, nada enxergava. Levando-o pela mão, fizeram-no entrar em Damasco. E lá ficou por três dias, sem enxergar, e sem comer nem beber coisa alguma" (At 9,1-10).

Saulo não voltou a Jerusalém; mas a notícia do que lhe ocorrera estourou como uma bomba nas comunidades judaicas. Não fosse ele o mestre, culto como era, e inimigo feroz dos cristãos, a sua conversão não teria causado tanto impacto. Resultado: toda a admiração e respeito com que era visto por seus compatriotas transformaram-se em desprezo, ódio e perseguições. Saulo passou a ser visto como um traidor, digno de desprezo como um cristão qualquer.

Reflexão

Aquele perseguidor. Num momento, completamente transformado. Um outro homem, mestre e defensor daquela doutrina que tanto odiava. Como assim? Humanamente nenhuma explicação. Só mesmo uma intervenção do Alto pôde iluminar aquela inteligência, e dobrar aquele orgulho do mestre judeu. A Verdade que ele julgava estar no judaísmo, de repente aparece-lhe na doutrina que tanto combatera. Compreendeu que era inútil resistir. Outro caminho não lhe restava a não ser a conversão. E aceitou a Verdade com todas as suas consequências, diante dos judeus, e diante da própria consciência. Iria começar tudo de novo.

A sinceridade de Saulo e a hipocrisia de nossos tempos: de que lado estamos? A hipocrisia é fácil, nada exige; por isso ela é dos fracos e covardes. A sinceridade porém é difícil, porque exige muita coragem. Por isso ela está somente naqueles que amam realmente a Verdade.

EM SILÊNCIO E ORAÇÃO

*C*ontinuando a sua narração (At 9,10-19), São Lucas escreve: "Havia em Damasco um discípulo de nome Ananias. O Senhor disse-lhe em visão: 'Ananias'. Este respondeu: 'Aqui estou, Senhor'. Disse-lhe o Senhor: 'Levanta-te, e vai à rua chamada Direita; procura na casa de Judas certo Saulo, natural de Tarso'. Respondeu Ananias: 'Senhor, a respeito desse homem já ouvi de muitas pessoas, quanto mal fez a teus santos em Jerusalém. E está aqui com plenos poderes para meter no cárcere todos que invocam o teu nome'. Mas o Senhor disse-lhe: 'Vai, pois aquele homem é para mim um instrumento de predileção, que levará o meu nome tanto aos gentios, como aos filhos de Israel. Hei de mostrar-lhe quanto deverá sofrer por minha causa'. Ananias foi, entrou na casa, e impôs as mãos a Saulo. No mesmo instante foi como se caíssem escamas de seus olhos; recobrou a visão, levantou-se e recebeu o batismo. Em seguida tomou alimento, e criou novas forças".

Esse recolhimento naquela casa da rua Direita foi, para Saulo, quase uma morte que durou três dias. O feroz perseguidor compreendeu então que fora vencido por uma força estranha, contra a qual não poderia resistir. Mas no momento em que essa força o fez cair ao solo, a voz do Alto havia-lhe dito: "Vai para a cidade; lá saberás o que deves fazer".

Naqueles três dias de silêncio e prostração, que pensamentos terão passado pela mente de Saulo? Nada nos ficou escrito. Podemos porém supor que aqueles foram dias de profunda reflexão para o recém-convertido. Foi quando ele ficou sabendo o que devia fazer, e o quanto iria sofrer por causa de um nome que antes tanto combatera.

Durante o seu retiro, Saulo pôde ver e sentir o quanto havia errado no seu ódio aos cristãos, e pôde meditar também sobre a infinita misericórdia que, apesar de tudo, acabava de mostrar-lhe a Verdade, escolhendo-o para a missão de apóstolo entre gentios e judeus. Mais tarde em suas cartas ele não pôde, ou não quis, esconder um tom de tristeza e remorso, sempre que lembrava o seu passado no judaísmo. "Eu sou o último dos apóstolos, porque vivi perseguindo a Igreja de Deus" (1Cor 15,9). "Ouvistes da minha conduta de outrora, no judaísmo, como perseguia a Igreja de Deus, e procurava arrasá-la" (Gl 1,13).

Embora lamentasse o seu passado de perseguidor da Igreja, Paulo não se deixou vencer pelo desânimo ou pessimismo. Sabia muito bem que a princípio era natural que os cristãos não o vissem com bons olhos, vítimas que foram do seu ódio ao nazareno. Muitos até iriam achar que aquela conversão poderia ser apenas uma armadilha de um fariseu astuto e perigoso como ele fora. Além disso Paulo já estaria vendo pela frente o desprezo dos seus compatriotas que, de maneira alguma, lhe iriam perdoar a sua traição à Lei e ao judaísmo, para aliar-se aos cristãos.

Realmente o apóstolo provou de tudo: desconfianças, calúnias, incompreensões, sofrimentos sem conta. Mas Paulo não era homem para deixar-se abater. Somente uma vez ele fora vencido, mas pela força do Alto. Sabendo-se escolhido por Deus, e vendo claramente a missão à qual fora destinado, nunca mais se entregou, ou se deu por vencido. Diante dos gentios, e até mesmo dos judeus que evangelizava, ele sabia sentir, sabia chorar; mas diante das perseguições e dos sofrimentos, ele era a coragem, a firmeza, o destemor. "Tudo posso naquele que me conforta" (Fl 4,13). Estas suas palavras retratam bem a sua generosidade e segurança diante de todos os sacrifícios.

Cego, sem se alimentar durante três dias, Saulo foi batizado pelo discípulo Ananias. Sinal de que soube aproveitar muito bem aqueles dias de retiro. Aceitou a Verdade, renunciando a sua vida de perseguidor, e passou a crer naquele nazareno que tanto havia combatido. Pelo batismo deixava de ser um discípulo da Lei para tornar-se um discípulo de Cristo. E isso para ele significava uma libertação das leis e tradições judaicas para viver o espírito de um novo Testamento, dentro daquela liberdade na qual Cristo nos gerou (Gl 4,31).

Era esta a diferença fundamental que o apóstolo via entre o judaísmo e o cristianismo. O judaísmo era a escravidão imposta ao homem pela idolatria da Lei, enquanto o cristianismo vê no homem um filho de Deus, levado à obediência não por medo, mas por amor. "Onde estiver o Espírito do Senhor, aí estará também a liberdade" (2Cor 3,17).

Essa diferença entre escravidão e liberdade era assunto que o apóstolo explorava com frequência em suas pregações e nas Cartas. De temperamento forte, profundamente apaixonado pela Verdade, Saulo compreendeu, logo de início, a conversão que devia viver e pregar: deixar de ser escravo para ser filho de Deus por um amor que nada iria abater. "Fostes chamados para a liberdade", assim ele escreveu aos gálatas (Gl 5,13). E nessa frase está o que ele mesmo experimentara quando se viu chamado para o cristianismo. Entre a escravidão e a liberdade, a escolha não foi difícil para um homem como ele. Quis ser livre para amar a Verdade e por isso para amar a Cristo, e levá-lo a seus irmãos.

Reflexão

Alguns séculos mais tarde, um outro convertido iria escrever: "Ama, e faze o que queres" (Santo Agostinho). Ele também soube escolher entre a escravidão do egoísmo e a liberdade do amor ao Pai. Não foi certamente um perseguidor do cristianismo, mas um vivedor levado pelo próprio egoísmo, a uma vida fácil e desregrada. Um dia porém ele conheceu a Verdade, e não teve dúvidas para abandonar tudo e viver tão somente o amor a Deus.

Todos nós vivemos a mesma situação: de um lado o egoísmo que nos torna escravos de nós mesmos, e de outro lado o amor que deve levar-nos ao Pai e a nossos irmãos. A esse amor todos fomos chamados; é essa a nova vocação batismal: amar ao Pai, com todas as forças, e a nossos semelhantes, como a nós mesmos.

"Eu sou o Caminho, a Verdade, a Vida" foi o que o Mestre assegurou-nos (Jo 14,6). Fora desse Caminho e dessa Verdade só existe a morte, na mentira do egoísmo. Que o exemplo do apóstolo esteja sempre diante de nós, fazendo-nos viver a vida do amor ao Pai e a nossos irmãos.

PRIMEIROS ANOS

Após o batismo, "Saulo permaneceu alguns dias com os discípulos em Damasco, e logo começou a pregar nas sinagogas que Jesus era o Filho de Deus" (At 9,19). Que transformação! E até poderíamos dizer: "Que milagre!"

Sim, um milagre da graça que de uma hora para outra abriu os olhos daquele perseguidor. Agora a Verdade estava clara diante de sua inteligência, e Saulo compreendeu que seria inútil qualquer resistência. Aceitou a Verdade, reconhecendo que antes havia visto o Cristo apenas de um modo humano, ou "segundo a carne". "Se eu julgara a Cristo segundo a carne, agora já não o julgo desse modo. O que é antigo passou; agora tudo ficou novo. E isso vem de Deus que nos reconciliou, mediante Cristo, e confiou-nos o ministério da reconciliação" (2Cor 16,18).

Saulo convertido e, de repente pregando, justamente nas sinagogas, que Jesus era o Filho de Deus! Nisso ninguém podia acreditar. "Todos os que o ouviam, pasmavam, dizendo: 'Não é este aquele que, em Jerusalém, exterminava os que invocam o nome de Cristo, e veio para cá a fim de levá-los presos aos pontífices?'" (At 9,21).

Não era para menos. Em todas as comunidades os cristãos tremiam de medo só de ouvir o nome de Saulo, cuja ferocidade não conhecia limites na perseguição aos discípulos do nazareno. De repente esse homem apresenta-se como convertido, buscando acolhida entre os cristãos, e dizendo-se também discípulo de Cristo... ninguém podia acreditar.

No entanto para o apóstolo essa reserva e desconfiança com que fora recebido em Damasco não eram o pior. Teve de sofrer muito mais da parte dos seus compatriotas judeus. Estes não perdoavam ao ex-mestre da Lei o papel que fizera, frustrando todas as esperanças nele depositadas, para defender a doutrina daquele tal Jesus de Nazaré. Sabiam muito bem que não possuíam cultura suficiente para discutir com aquele traidor. Impedir que ele continuasse ensinando e fazendo adeptos era impossível. Por isso simplesmente resolveram matá-lo. Mas a trama chegou ao conhecimento de Saulo (At 9,23-24).

O apóstolo conhecia muito bem a malícia de seus inimigos. Sabia que toda a vida iria enfrentar a vingança, o desprezo e o ódio daquele povo judeu. Nem por isso ele se deixou intimidar. E é justamente neste ponto que podemos admirar o zelo e a caridade do grande evangelizador que ele foi. Paulo não sofria tanto pela perseguição dos seus compatriotas. O que mais o preocupava e fazia sofrer era a situação religiosa dos seus irmãos que não quiseram aceitar o Salvador que Deus lhes havia oferecido na pessoa de Cristo, também judeu. Na Carta aos romanos ele chegou a desabafar toda a sua tristeza e angústia nestes termos: "Em Cristo posso afirmar, e tenho consciência de não estar mentindo quando digo que sinto imensa tristeza e dor incessante no meu coração, pois quisera, se possível, ser até separado de Cristo para a salvação dos meus irmãos, os da minha raça quanto à carne, ou seja, os israelitas, a quem pertencem a adoção filial, a glória, as alianças, a legislação, o culto, as promessas, a quem pertencem os patriarcas, e de quem nasceu Cristo segundo a carne (9,1-6).

Ameaçado de morte pelos judeus, Paulo tratou de permanecer escondido na casa de um amigo em Damasco. Fugir não podia, porque as portas da cidade estavam todas vigiadas. Mas os cristãos souberam como salvar o apóstolo. À noite, em um lugar onde ninguém os visse, alguns discípulos colocaram Paulo em um grande cesto, e por meio de cordas o desceram para fora da cidade, por cima das muralhas. Sozinho ou acompanhado, a cavalo ou em algum carro que lhe arranjaram, Paulo foi para Jerusalém.

Aí procurou logo entrar em contato com os cristãos, mas todos o temiam, não acreditando em sua conversão. Foi porém acolhido por um discípulo de nome Barnabé, e este o apresentou a alguns dos apóstolos que, na ocasião, estavam em Jerusalém. Mal visto pelos judeus, e enfrentando a desconfiança de alguns cristãos, Paulo continuou pregando a doutrina de Cristo sempre que se oferecia uma oportunidade. Mas a sua coragem e principalmente as discussões que provocava com elementos que já o queriam matar acabaram criando um caso difícil para a comunidade. E para evitar maiores atritos com as autoridades judaicas, os chefes cristãos decidiram que Paulo deixaria Jerusalém, voltando para a sua cidade de Tarso. O apóstolo conformou-se, compreendo que, naquelas circunstâncias, embora muito a contragosto, precisava conter um pouco a sua coragem e arrebatamento (At 9,26-30).

Voltando porém a sua cidade natal, Paulo não se contentou apenas com aquele campo de ação. Para o seu zelo e entusiasmo o mundo inteiro não seria suficientemente grande. Durante uns três anos andou perambulando por toda a região da Arábia. Meditando, refletindo, procurava assimilar as novas ideias que o cristianismo lhe apresentava, não perdendo ocasião de pregar. Tornou-se assim meio ermitão e meio apóstolo, vivendo à custa do seu ofício, e à espera da hora de Deus.

Reflexão

Escolhido para o apostolado, Paulo sabia muito bem que a sua missão não iria dar-lhe uma vida fácil e tranquila. Ele havia sido chamado para uma luta que só terminaria com a sua morte. E era com isso que ele sonhava. Embora apaixonado pela Verdade, e querendo ganhar a todos para Cristo, ele compreendia que, no apostolado, a coragem e dedicação podem e devem ser nossas; os caminhos porém pertencem a Deus. Por isso não se abateu nem desanimou ante o aparente fracasso de suas primeiras pregações em Damasco e em Jerusalém.

É que o apostolado, exigindo de nós coragem e dedicação, exige também uma boa dose de prudência. Os caminhos trilhados por Cristo, no cumprimento da sua missão, não foram risonhos e floridos. Temos de trabalhar, sim, mas que não nos faltem a reflexão e a prudência para conhecermos os planos de Deus. Se ao longo do nosso caminho aparecerem rosas... graças a Deus! Mas se aparecerem espinhos... bendito seja Deus por tudo! Ele sabe o que e o quanto espera de nós.

O MISSIONÁRIO

Após três anos, vividos mais na oração e penitência do que no apostolado, Paulo viu chegar o dia que tanto desejava. Por aquele tempo, em Antioquia, estava em pleno desenvolvimento uma comunidade cristã, fundada por judeus convertidos que ali se estabeleceram, fugindo à perseguição na Judeia. Grande número de gentios começaram a aderir à nova doutrina pregada pelos cristãos; e não tardou muito para que, em Jerusalém, os apóstolos recebessem notícias da florescente comunidade. Mas como era de se esperar, algumas dificuldades começaram a surgir entre judeus e gentios a respeito de alguns pontos da doutrina. E um representante dos apóstolos foi enviado para lá, a fim de conhecer de perto a situação. Esse observador era Barnabé, "homem cheio do Espírito Santo".

Chegando à cidade, o representante dos apóstolos pôde notar a presença de Deus naquela comunidade entusiasta e fervorosa. E logo compreendeu que ali estava um campo imenso e promissor para ser trabalhado. Barnabé não teve dúvidas: o homem indicado para plantar o Evangelho em toda aquela região era Paulo, a quem já conhecera em Jerusalém. Por isso deixou Antioquia e viajou logo para Tarso, decidido a trazer consigo o ermitão que lá vivia, mergulhado no estudo e na oração. Paulo compreendeu que era chegada a hora para iniciar de fato a sua missão. Iria começar uma luta que só terminaria com a sua morte. Deixou Tarso e foi trabalhar em Antioquia com o seu amigo Barnabé.

Após um ano de trabalho naquela região, ambos tiveram de ir a Jerusalém. Miséria e fome assolavam diversas regiões da Judeia; um novo flagelo para os cristãos, já castigados pela perseguição. A comunidade antioquena fez logo uma grande coleta de alimentos e dinheiro em benefício dos seus irmãos sofredores, enviando-lhes tudo por intermédio de Paulo e Barnabé (At 11,19-30).

Provavelmente por ocasião dessa viagem foi que se deu, em Jerusalém, o encontro de Paulo com Pedro, conforme se lê na Carta aos gálatas (1,17). Era natural que, antes de começar as suas atividades como um apóstolo igual aos outros, Paulo quisesse conhecer os demais, escolhidos antes dele pelo Mestre. Reconhecia também que aquele grupo, do qual iria fazer parte, possuía um chefe, ao qual devia apresentar-se, pois iria trabalhar de acordo com os seus planos e sob as suas ordens. Era como que uma apresentação de credenciais, explicando a sua conversão e a sua escolha para o apostolado. Paulo soube ser humilde para não ser independente, aceitando trabalhar de acordo com os demais, e sob a autoridade daquele que o Mestre escolhera como pastor supremo da sua Igreja.

Durante quinze dias conviveu com os apóstolos em Jerusalém. Pôde assim ouvir muito sobre a vida, morte e ressurreição do Mestre. Quanta força, e quanto consolo para ele, vendo-se reconhecido apóstolo por aqueles que o Mestre escolhera, com os quais certamente não deixou de traçar planos para a evangelização dos judeus e dos gentios. Ao deixar Jerusalém, Paulo sentia-se outro. Com o apoio dos demais, principalmente de Pedro, via-se agora em condições de iniciar as suas viagens, procurando levar o Evangelho a todos os povos do mundo, como era o seu desejo.

Foi certamente com saudades que Paulo deixou Jerusalém, regressando com Barnabé a Antioquia. Mas aqui ele não iria permanecer por muito tempo. Não sendo homem para ficar trabalhando sempre no mesmo lugar, ele era o missionário, desejoso de estar em toda a parte, fazendo-se tudo para todos, a fim de ganhar o mundo para Cristo (1Cor 9,22).

Havia na igreja de Antioquia diversos profetas e doutores. E foi por algum deles que o Espírito Santo falou, enquanto celebravam a liturgia do Senhor: "Destacai-me Barnabé e Paulo para a tarefa à qual os chamei". Assim após jejuns e orações impuseram-lhes as mãos, e os fizeram partir. Desceram portanto os dois para Selêucia, e de lá navegaram para Chipre (At 13,1-16). Ia também com eles um discípulo de nome João Marcos, mais tarde autor de um dos quatro Evangelhos. Estava iniciada a primeira grande viagem de Paulo, todo feliz em sua ânsia de levar o Evangelho a todos os povos.

Chegando a Salamina, aí anunciaram a Palavra nas sinagogas dos judeus, atraindo grande número de gentios para a nova doutrina. E dada a oposição dos judeus, os gentios acabaram formando as suas próprias comunidades. Pregaram ainda na cidade de Pafos, onde converteram o governador da ilha, e daí seguiram para a região da Panfília. A estas alturas, não sabemos por que, João Marcos abandonou a missão, voltando para Jerusalém. Para Paulo, um ato de covardia, indigno de um apóstolo do Evangelho. E dessa fraqueza do seu colega ele não iria esquecer-se, como veremos adiante.

Paulo e Barnabé continuaram a viagem, chegando a Antioquia da Pisídia. Logo no primeiro sábado após a chegada, os dois apresentaram-se na sinagoga local. Como israelitas, ainda mais chegados de Jerusalém, tinham o direito de falar a seus compatriotas. E Paulo realmente falou, com todo entusiasmo e convicção, provando que Deus já havia enviado ao mundo o Salvador previsto pelos profetas; e esse Salvador era o Cristo que fora crucificado e ressuscitou. O auditório ficou profundamente impressionado com a sabedoria daquele pregador. E tantos foram os pedidos que no sábado seguinte Paulo e Barnabé voltaram à sinagoga para falar.

Ante os comentários que muitos faziam a respeito da primeira pregação, a afluência de judeus e gentios foi enorme, e isso não agradou aos chefes da sinagoga. Eram judeus, e temiam que Paulo convertesse aquela multidão para a doutrina que pregava. A reunião foi tensa e agitada, com debates e até gritaria entre judeus e gentios. Diante dessa agitação, Paulo e Barnabé falaram aos judeus: "Era nosso dever pregar a palavra de Deus primeiro a vocês; mas já que vocês a rejeitam, iremos pregá-la aos gentios". Estes exultaram, dando graças a Deus. Mas temendo uma revolta popular, e instigadas pelos judeus, as autoridades locais decidiram que Paulo e Barnabé deviam deixar a cidade. Eles sacudiram o pó das suas sandálias, e partiram para Icônio (At 13).

Aqui repetiu-se o que já acontecera em Antioquia. Muitos judeus e gregos se converteram, colocando-se a favor dos dois missionários; outros porém os combatiam furiosamente. A situação foi piorando, e não tardou muito Paulo e seu colega tiveram de fugir, para não serem apedrejados. Saíram de Icônio, e viajaram para Listra.

Pequena e sem cultura, Listra era uma cidade entregue às práticas da superstição pagã. Certo dia, durante uma das pregações de Paulo, estava no meio dos ouvintes um homem entrevado, que não conseguia manter-se em pé. Vendo-o, Paulo o curou diante de toda a assembleia, enquanto o felizardo pulava de alegria, correndo de um lado para outro. O milagre porém não surtiu muito efeito entre os pagãos que se recusavam a aceitar a doutrina do pregador. E justamente naqueles dias chegou à cidade um grupo de judeus, vindo de Antioquia e Icônio, pronto a liquidar com o apóstolo. Tanto atiçaram o ódio do povo que Paulo acabou sendo apedrejado, a ponto de o darem por morto. Alguns discípulos no entanto o socorreram, até que pôde viajar para Derbe, levando consigo as feridas que as pedras lhe abriram.

Em Derbe os dois missionários foram recebidos com muita alegria, e grande foi o número de convertidos. Restabelecido das feridas e maus-tratos que recebera em Listra, Paulo deu por terminada essa sua primeira viagem missionária. Acompanhado de Barnabé, pôde afinal regressar à sua Antioquia. Quando lá chegaram, foi aquela festa entre os cristãos. E os dois tiveram certamente muito para narrar das suas peripécias para, juntos novamente com a comunidade, darem graças a Deus (At 14,8-28).

Reflexão

Escolhido para o apostolado, Paulo soube avaliar muito bem não somente a sua dignidade, mas também a sua responsabilidade perante Deus e perante a Igreja. Por isso ele soube corresponder, entregando-se todo à missão que Deus lhe confiara. Acompanhando o apóstolo em suas constantes excursões, poderíamos perguntar: "De onde vem aquela sua coragem, seu desprendimento, seu espírito de sacrifício?" Tudo nascia de sua imensa e inesgotável generosidade. Se alguma coisa o apóstolo nunca soube fazer em sua vida, foi poupar-se. O que ele sabia mesmo era viver para o Cristo, vivendo exclusivamente para o Evangelho.

Admiremos, sim, essa generosidade para com Deus, e olhemos para nós mesmos. Deus já terá exigido de nós tanto quanto exigiu do seu apóstolo? Não. Ele exigiu e continua exigindo muito menos. E qual foi, até agora, a nossa resposta?

SEGUNDA VIAGEM MISSIONÁRIA
(At 16—18,1-22)

Tendo regressado a Antioquia, Paulo e Barnabé aí permaneceram, trabalhando ainda durante alguns anos. E o desenvolvimento daquela comunidade, na maioria gentios convertidos, começou a despertar certa preocupação na Igreja de Jerusalém, cujos membros, apegados ainda a algumas leis do judaísmo, não viam com bons olhos o trabalho de Paulo e Barnabé entre os gentios. Além disso temiam que Antioquia acabasse substituindo Jerusalém como centro do cristianismo. Aumentando sempre mais as divergências, foi preciso que Pedro, como chefe supremo, convocasse uma reunião em Jerusalém com representantes das duas comunidades, para que tudo ficasse esclarecido.

Paulo e Barnabé foram designados representantes da comunidade antioquena; e como tais apresentaram-se à reunião. Com a palavra, os dois expuseram perante a assembleia o trabalho que vinham realizando entre os pagãos, bem como os frutos que haviam colhido. E desfizeram, uma por uma, as acusações que lhes vinham fazendo os convertidos judeus.

Pedro e os demais apóstolos tudo ouviram e ponderaram, acabando por aprovar inteiramente a ação missionária que Paulo e o seu companheiro estavam realizando. Com isso puderam os dois voltar para Antioquia, onde foram recebidos com muita festa pela comunidade. Os cristãos antioquenos finalmente puderam saber que Pedro e os demais apóstolos estavam com eles, e por isso, eles estavam com a Igreja; ninguém mais iria dizer que eram dissidentes (At 15).

Paulo também respirou, sentindo-se mais à vontade para continuar realizando as suas viagens missionárias. Fazia já algum tempo que estava planejando rever as comunidades que fundara durante a primeira viagem, para dar-lhes uma nova injeção de entusiasmo e fervor. Para os seus convertidos, rodeados de pagãos e judeus, não seria fácil perseverar no caminho iniciado da conversão. Mas depois de tudo resolvido, à última hora surgiu uma dificuldade. Um impasse que o apóstolo não pudera prever.

Com o apoio de seu parente Barnabé, João Marcos também queria participar daquela excursão. Mais amadurecido, o desertor da primeira viagem achou que assim poderia reabilitar-se da covardia que mostrara. Barnabé tudo fez para que Paulo concordasse. Mas para Paulo a covardia era algo simplesmente vergonhoso para um homem; ainda mais quando esse homem estava a serviço do Evangelho. Não deu a mínima atenção às insistentes explicações de João Marcos nem se comoveu com a intercessão do seu grande amigo, e até benfeitor, Barnabé. Resultado: João Marcos não pôde viajar. Para Paulo a primeira experiência já havia sido suficiente para não acreditar mais no entusiasmo do desertor. E Barnabé também não viajou (devia ser tão teimoso quanto Paulo...) nem voltou a Antioquia, dirigindo-se para Chipre, sua terra natal, onde permaneceu até a morte.

Se Paulo já dependia de Jerusalém, agora, com a separação de Barnabé, sentiu-se mais independente de Antioquia para trabalhar por própria conta. Traçava os seus planos, tomava as suas iniciativas como dono de si mesmo. Estava certo do apoio de Pedro, e nesse caso, de acordo com aquele que o escolhera, seu único Senhor.

Para não viajar sozinho, Paulo fez-se acompanhar por um discípulo da comunidade de Jerusalém; era Silas, seu conhecido. Após ter visitado várias comunidades que fundara, o apóstolo chegou a Listra, onde conseguiu um ótimo companheiro, o seu discípulo Timóteo. E este nunca mais se separou do seu mestre. As duas Cartas que ainda hoje conhecemos de Paulo a Timóteo mostram bem a grande amizade que o apóstolo dedicava ao seu "filho predileto" (2Tm 1,1).

Foi durante esta viagem que, certa noite, o apóstolo teve um sonho, mostrando-lhe um macedônio que lhe gritava: "Atravessa o mar, e vem socorrer-nos!" Paulo não pensou duas vezes. E viajou logo para Filipos, cidade da Macedônia.

De população quase toda pagã, a cidade contava com poucos judeus. Por isso não havia ali uma sinagoga sequer. O que existia era um terreno baldio, à margem de um rio, onde alguns se reuniam para rezar, entoar os seus hinos e fazer as suas abluções. Num sábado pela manhã Paulo apareceu por lá, e aproveitou para fazer uma reflexão com algumas pessoas ali presentes. Suas ideias foram muito bem recebidas, e aos poucos o pregador foi ganhando simpatizantes e discípulos. Uma senhora de posses, de nome Lídia, fez questão de hospedar os missionários, não lhes deixando faltar nada. Assim naqueles dias, Paulo não precisou recorrer ao seu ofício para ganhar o pão de cada dia...

Foi em Filipos que o apóstolo curou uma pobre escrava, doente mental explorada por alguns, como se fosse vidente. Vendo-se prejudicados nos seus negócios, os tais exploradores conseguiram que Paulo e Silas fossem presos, pelo crime de serem judeus, contrários aos costumes romanos. O castigo foi violento. Os dois foram cruelmente açoitados e metidos na prisão. Mas aconteceu o que ninguém esperava.

Durante aquela noite, os missionários não conseguiram dormir, devido aos ferimentos e maus-tratos recebidos. Às tantas eles começaram a cantar em voz alta na prisão. Outros presos que ali estavam acordaram apavorados, porque ao mesmo tempo ocorreu na cidade um terremoto que derrubou paredes e portas dentro do cárcere, facilitando a fuga de quem quisesse escapar. O carcereiro, desesperado, quis suicidar-se, mas Paulo, aos gritos, conseguiu acalmá-lo. O infeliz imaginou que o terremoto fora um castigo provocado pelo apóstolo contra os seus perseguidores. Impressionado, tirou os dois prisioneiros da prisão, e os levou para a sua casa. Ali Paulo deu a toda a família a necessária instrução para depois batizar o carcereiro e a todos os seus familiares.

Mas não foi somente o carcereiro que interpretou o terremoto como castigo; as autoridades também. Por isso mandaram libertar os dois presos, pedindo-lhes porém que se retirassem da cidade. Foi quando Paulo e Silas se deram a conhecer como cidadãos romanos; com isso a situação iria complicar-se ainda mais para as autoridades. Estas então mandaram que os dois missionários fossem levados, com todas as honras e cortesias, para a casa de Lídia. Aí os dois foram medicados, e após se restabelecerem, deixaram a cidade, rumando para Tessalônica.

Esta era a capital da Macedônia, e contava com uma grande colônia judaica. Falando várias vezes na sinagoga local, Paulo não conseguiu muito dos seus ouvintes judeus; mas foi bem recebido pelos gentios, entre eles, algumas damas da alta sociedade. Foi o suficiente para provocar os ciúmes judaicos, e, com uma campanha de difamações, os inimigos iam dizendo por toda parte que Paulo era um subversivo, e já estava ameaçando até o poder do imperador romano.

Vendo ferver a situação, Paulo e seu colega Silas recolheram-se à casa de um amigo. Este foi preso pelos judeus. Mas sabendo com que raça de gente estava lidando, o prisioneiro deu aos seus inimigos uma boa garantia, em dinheiro, e foi libertado, com a condição de mandar embora os dois hóspedes que acolhera. Com isso os missionários deixaram a cidade, partindo logo para Bereia. Mais tarde, em sua Primeira Carta aos tessalonicenses, Paulo iria colocar as amargas lembranças que guardava daquela gente.

Segundo São Lucas, os judeus de Bereia eram mais educados e atenciosos do que os de Tessalônica; tanto assim que na primeira oportunidade souberam receber muito bem a Paulo e Silas na sinagoga. Impressionados com os pregadores, muitos se converteram, e tudo corria às mil maravilhas. Diante disso Paulo, o homem que não sabia desanimar, já estava pensando em voltar a Tessalônica, para completar o trabalho que ali começara.

Mas os seus inimigos não o esqueciam. Os judeus que lá o haviam combatido, descobriram onde ele se encontrava. E não perderam tempo, viajando logo para Bereia, decididos a expulsar o apóstolo da cidade. Paulo deixou ali seus dois companheiros, e foi para Atenas com outros discípulos. Estes voltaram logo para Bereia, com um aviso de Paulo para que Silas e Timóteo fossem também para Atenas.

Julgando-se a capital da cultura grega, Atenas era também a cidade mais orgulhosa e convencida de toda a Grécia. Por isso não se interessou pela palavra do apóstolo. Somente uma vez ele falou em Atenas; e foi no Areópago, a uma assistência de sábios e filósofos. Foram muito poucos os que aceitaram a doutrina de Paulo, principalmente a respeito da ressurreição. E como Deus não se manifesta aos orgulhosos, Paulo percebeu logo que ali ele iria apenas perder tempo. Deixou de lado a sua ideia de voltar a Tessalônica, e tratou de viajar para Corinto que, naquela época, era bem mais importante que Atenas.

Logo de chegada, Paulo teve uma grata surpresa. Encontrou em Corinto um casal cristão, Áquila e Priscila, fabricantes de tendas como o apóstolo. E foi com eles que Paulo hospedou-se durante um bom tempo, passando logo a fazer novas amizades. A princípio Paulo agiu com prudência e cautela, para não provocar ninguém. Mas com a chegada de Silas e Timóteo, sentiu-se mais apoiado e deslanchou, pregando abertamente para judeus e gentios. As conversões foram numerosas, e logo se formou na cidade uma florescente comunidade cristã, da qual o apóstolo jamais se esqueceu.

Diante desse resultado tão consolador, após algum tempo, Paulo achou que podia dar por terminada a sua segunda excursão missionária. Deixou Silas em Corinto, e, acompanhado de seu inseparável discípulo

Timóteo, voltou para a sua base de operações, em Antioquia.

Reflexão

"Eu sei em quem depositei a minha fé", assim escreveu Paulo a seu discípulo Timóteo (2Tm 1,12). E essa palavra revela-nos o segredo de sua coragem, de sua inesgotável confiança para enfrentar tudo o que sofreu pelo nome de Cristo. Perseguido, preso, apedrejado, açoitado... ele nunca se dobrou, porque nada deste mundo conseguiu abalar sequer a sua fé. Foi assim que ele realizou a missão que recebera; e essa missão ele a encerrou somente no dia em que o martírio roubou-lhe a vida.

Exemplo para nós. Não estamos também nos planos de Deus, como discípulos de Cristo, e membros de sua Igreja? Não temos também uma missão a cumprir diante de Deus e de nossos irmãos? Ser luz para um mundo que adora as trevas é para nós um desafio. E este somente será vencido se tivermos aquela fé, e aquela confiança que Paulo nos mostrou.

TERCEIRA VIAGEM MISSIONÁRIA
(At 19—22)

Desta vez Paulo deixou Antioquia, e para lá não voltou mais. Ao final desta viagem, preso pelos judeus e pelos romanos, iria para Roma, onde seria martirizado.

Passando pela região dos gálatas e dos frígios, o apóstolo procurou animar as comunidades que por lá fundara, e logo dirigiu-se para Éfeso. Era esta uma cidade importante por seu comércio e principalmente pelo templo da deusa Ártemis, considerado uma das maravilhas do mundo. Como de costume Paulo iniciou seu trabalho falando na sinagoga local. Os gentios entusiasmaram-se com a sua doutrina; mas os judeus como sempre ficaram escandalizados, e acabaram expulsando o apóstolo para fora da sinagoga.

Paulo não se intimidou com isso. Logo alugou um salão para nele trabalhar. O horário não era dos melhores, mas foi o que pôde conseguir: do meio-dia às quatro da tarde. Mesmo assim o salão ficava repleto de ouvintes, e a fama do pregador tomou conta da cidade. E aos poucos toda a região foi missionada pelo apóstolo que organizou diversas comunidades em Éfeso, Laodiceia, Hierápolis e Colossos. Em toda parte Paulo passou a ser visto como um enviado de Deus, não somente por sua doutrina, como também por milagres. E justamente por isso os inimigos não cruzaram os braços.

Por ocasião da festa anual da deusa Ártemis, Paulo não deixou de condenar com veemência aquela idolatria. Magos, judeus e comerciantes interessados uniram-se contra o apóstolo. Tanto fizeram que a situação foi tornando-se sempre mais difícil. Para fugir à fúria dos perseguidores, Paulo foi obrigado a se esconder. Assim mesmo ainda pôde dar suas últimas instruções aos chefes da comunidade, e deixou Éfeso, rumo a Macedônia.

Como estava organizando uma coleta em favor dos cristãos de Jerusalém, Paulo quis passar por Filipos, Tessalônica e Bereia. Planejava chegar até Antioquia da Pisídia, mas soube que ali os judeus já lhe estavam preparando uma cilada. Por isso desviou o rumo de sua viagem, e partiu para a Macedônia, visitando ainda as comunidades de

Corinto e Trôade. Aqui demorou-se uma semana, e aconteceu que durante uma de suas pregações um rapaz que estava dormindo caiu da altura de três andares. Imediatamente Paulo o socorreu. Levantou-o, e todos ficaram admirados de que nada de grave acontecera com o rapaz. Uma alegria geral, pois todos notaram que quando o apóstolo levantou o rapaz ele já estava morto.

De Trôade Paulo dirigiu-se para Mileto. Aqui reuniu os chefes das comunidades vizinhas e lhes falou, revelando sombrias previsões quanto ao seu futuro. "Vou agora para Jerusalém, sem saber o que lá me espera. De cidade em cidade o Espírito Santo vem prevenindo-me de que terei prisões e sofrimentos pela frente. Quanto à minha vida, nem vale a pela falar, pois quero apenas terminar a minha carreira, concluindo a missão que recebi do Senhor."

O apóstolo fez ainda diversas recomendações, e terminou despedindo-se dos presentes que o abraçavam entre lágrimas. Segundo São Lucas, a separação não foi fácil; a muito custo conseguiram embarcar, prosseguindo viagem. De passagem por Tiro, alguns discípulos avisaram profeticamente a Paulo que não fosse para Jerusalém. Mas ele não se intimidou, e resolveu partir. Muitas pessoas o acompanharam até fora da cidade, e quando chegaram à praia todos se ajoelharam para rezar, e depois se despediram.

Após alguns dias, Paulo e seus companheiros chegaram a Cesareia. Aqui vivia um discípulo de nome Àgabo, dotado do dom da profecia. Encontrando-se com Paulo, o profeta tomou-lhe o cinto, amarrou-lhe as mãos e os pés, dizendo: "Assim farão os judeus ao dono deste cinto, para o entregarem aos gentios". Muitos amigos insistiram com Paulo para que desistisse da viagem a Jerusalém. Mas ele não se deixou convencer; estava pronto para tudo.

Em Jerusalém ele e alguns irmãos de Cesareia apresentaram-se a Tiago e aos chefes da comunidade. Bem acolhidos, entregaram o resultado da coleta que fizeram, e Paulo recebeu palavras de conforto e aprovação pelo trabalho que vinha realizando. Sua Via-Sacra porém já estava para começar.

Os judeus não esqueciam a "traição" que o antigo Saulo lhes havia aprontado, e tinham decidido entregá-lo às autoridades. De outro lado, os judeus cristãos não se conformavam com as ideias e pregações do apóstolo. Achavam que ele não respeitava a Lei nem dava qualquer importância às tradições judaicas; por isso também não aceitavam sua presença em Jerusalém.

Poucos dias após sua chegada, Paulo ia saindo do templo. Foi aquela gritaria de vaias e insultos, provocando o maior alvoroço na multidão. O apóstolo foi agarrado por alguns fanáticos e, aos empurrões, já estava para ser linchado quando chegaram os guardas romanos, aquartelados perto do templo. Calculavam tratar-se de uma revolta popular. Paulo teve de ser carregado por eles até o alto de uma escadaria próxima. O centurião romano impôs silêncio a todos, para que o preso pudesse falar.

E Paulo falou, procurando de início acalmar seus perseguidores. Elogiou seu antigo mestre Gamaliel, respeitado pelos judeus, e não se esqueceu de Ananias, seu amigo de Damasco, fiel observador da Lei. Mas quando começou a falar do seu trabalho entre os gentios, novamente estourou a gritaria. O centurião precisou recolher o apóstolo ao interior do quartel e, desconfiando fosse ele um criminoso que estava sendo procurado, começou a fazer-lhe perguntas e mais perguntas. Paulo não quis responder, permanecendo calado. Para obrigá-lo a falar já estavam para açoitá-lo quando ele revelou que era um cidadão romano. Um tremendo susto para o centurião, que logo compreendeu: o caso tinha de ser levado a instâncias superiores; e comunicou-se com o comandante. Igualmente assustado, este foi perguntar a Paulo: "Você é cidadão romano?" "Sim, e de nascença", respondeu o Apóstolo, numa indireta ao comandante que era romano, apenas por ter comprado o título...

Reflexão

Em meio àquela agitação provocada por seus inimigos, preso e ameaçado de morte pelos judeus, Paulo não se abateu. Sabia dos planos de Deus a seu respeito. "Quanto à minha vida, dissera ele, nem é bom falar, contanto que eu termine a minha carreira, e veja concluída a missão que recebi do Senhor" (At 20,23-25).

Nós também não temos uma missão a cumprir neste mundo? E Deus não tem os seus planos a nosso respeito? Sim. Saibamos confiar, como o apóstolo confiou. Não cai um cabelo de nossa cabeça sem que o Pai o saiba (Lc 21,18). Nessa confiança é que iremos encontrar a firmeza e coragem necessárias para enfrentarmos o nosso dia a dia, com tudo o que a vida nos apresentar. Da nossa parte confiança e dedicação. O mais ficará por conta daquele Pai que não nos esquece.

PAULO E SEUS PILATOS

Quando preso e acusado pelos judeus, Cristo esteve diante de Pilatos para ser condenado. Embora o reconhecesse inocente, o governador romano o entregou a seus inimigos, simplesmente lavando as mãos, como se com isso pudesse apagar seu cinismo e covardia. Também preso e acusado pelos judeus, Paulo conheceu, não um, mas diversos Pilatos.

Ao saber que o apóstolo era cidadão romano, o comandante viu-se em apuros, sem saber o que fazer. Para ganhar tempo, ou para salvar sua pele perante os judeus, convocou as autoridades religiosas e todo o sinédrio para que Paulo se explicasse diante deles. Assim exigiam as leis romanas, segundo as quais ninguém podia ser condenado sem que antes fosse ouvido.

Culto, e conhecedor dos truques de seus inimigos, Paulo era também vivo e esperto. Relanceando o olhar por sobre a assembleia, perante a qual devia falar, logo notou que ali havia fariseus e saduceus. Eram dois grupos rivais, que viviam se combatendo mutuamente por razões de doutrina. Enquanto os fariseus ensinavam a ressurreição dos mortos e a existência de espíritos e anjos, os saduceus nem podiam ouvir falar nessas coisas. E foi essa a tecla escolhida por Paulo para acabar com aquela farsa de julgamento.

Logo de início ele se apresentou dizendo: "Irmãos! Sou fariseu, e filho de fariseus. Estou sendo agora julgado por causa da esperança na ressurreição dos mortos". Aplausos calorosos da parte dos fariseus, com vaias dos saduceus enfurecidos. Entre insultos e ameaças a confusão foi aumentando, até que o comandante começou a temer pela vida do apóstolo. Mandou por isso aos guardas que o levassem para dentro do quartel. E declarou encerrada a reunião.

Mas nem por isso os judeus desanimaram. Insistiram com os chefes religiosos para que fosse realizada uma nova reunião. E o plano era matar o apóstolo no momento em que ele comparecesse ante as autoridades; porém um sobrinho de Paulo descobriu tudo. Avisou a seu tio e depois ao comandante romano. E este, prevendo novos tumultos, mandou aos soldados que durante a noite levassem Paulo para Cesareia. Aí o caso ficaria por conta do procurador Félix. Mas este o que procurou mesmo foi... lavar as mãos, sem coragem de envolver-se naquele assunto.

Passados alguns dias, já estava em Cesareia um grupo de judeus, exigindo a condenação de Paulo. Diante deles Félix fez com que o apóstolo também comparecesse para se defender. E Paulo falou, provando não ter praticado crime algum. Disse que estivera, sim, em Jerusalém, mas como um peregrino qualquer, sem promover tumulto nem reuniões. Félix nada quis decidir. E manteve o apóstolo durante dois anos na prisão, acalentando a esperança de que, um dia, Paulo acabasse comprando a própria liberdade, o que não aconteceu. Após esses dois anos, Félix foi substituído no poder por um novo procurador de nome Festo.

Ante a insistência dos judeus, Festo, covarde como seu antecessor, também convocou uma reunião na qual pudessem falar os acusadores e o acusado também. As acusações foram as mesmas de sempre e sem qualquer prova. Paulo respondeu com poucas palavras. Mas afirmou claramente: "Nenhum crime eu cometi contra os judeus ou contra sua Lei; nenhum crime contra o Templo, nem contra César". Temendo os judeus, Festo perguntou a Paulo se ele queria ser julgado em Jerusalém. Mas o apóstolo foi categórico:

"Não fiz mal algum aos judeus; ninguém pode entregar-me a eles; por isso apelo para César". E Paulo continuou preso, enquanto os judeus continuavam exigindo sua condenação.

Festo não teve outra saída senão levar o caso ao conhecimento do rei Agripa, neto de Herodes. Resultado: nova reunião, na qual os acusadores insistiram na condenação. Mas Paulo também falou, mostrando claramente ao rei porque os judeus o perseguiam. E nada ficou resolvido. O rei e o procurador deram a reunião por terminada, simplesmente levantando-se e saindo, enquanto comentavam: "Esse homem nada fez para ser condenado à prisão. Ele poderia ser posto em liberdade se não tivesse recorrido a César".

E com essa desculpa de ter Paulo apelado ao imperador, as autoridades lavaram as mãos, felizes por se verem livres daquele caso. Como bons discípulos de Pilatos, mandaram que o apóstolo fosse, o quanto antes, embarcado para Roma.

Após quinze dias de viagem, enfrentando tempestades, e com quase trezentas pessoas famintas e extenuadas, a embarcação chegou perto da ilha de Malta. Já estavam para atracar quando o barco encalhou, e a tempestade o partiu ao meio. Felizmente os passageiros conseguiram salvar-se, alguns nadando, e outros valendo-se dos destroços do barco.

Já em terra, os náufragos foram muito bem recebidos, e todos se prontificaram em ajudá-los. Paulo ficou hospedado com o chefão da ilha, cujo pai estava gravemente enfermo. Impondo-lhe as mãos, e rezando por ele, Paulo o curou. Foi o suficiente para que logo todos os doentes da região se apresentassem ao apóstolo. E ele curou a todos.

Reflexão

Escolhido para sofrer pelo nome de Cristo, o apóstolo soube enfrentar com toda coragem as acusações e injustiças que seus inimigos lhe prepararam. "Aqueles que desejam viver em Cristo, terão que sofrer perseguições" foi o que escreveu a Timóteo (2Tm 3,12).

Paulo sabia muito bem que o seu mundo era aquele mesmo que não quis receber o Salvador enviado pelo pai. E esse é também o mundo em que nós vivemos. Maldades, injustiças, perseguições, é o que vemos por toda parte. Mas se é nesse mundo que devemos viver, é também nele que nos devemos santificar, apegando-nos sempre mais ao Mestre que nos escolheu e chamou. Que o mundo não nos entenda, e que nos despreze ou condene. Um dia não será o mundo que nos irá julgar, mas o Cristo, a quem amamos e servimos.

A ÚLTIMA VIAGEM

Na sua Carta aos cristãos de Éfeso, Paulo intitula-se "o prisioneiro de Cristo" (4,1). De fato desde Jerusalém, levado de uma cidade para outra, ele continuava preso, embora não tivesse sido condenado por nenhum tribunal. Durante todo esse tempo ele pôde prever que o seu fim não estaria longe, por ser um homem que incomodava demais, tanto aos judeus como aos pagãos. Cristo também foi condenado porque incomodava...

Partindo da ilha de Malta, ele e seus companheiros chegaram a Roma, onde foram carinhosamente recebidos pelos cristãos da comunidade. É bem provável que, em seu relatório às autoridades romanas, Festo tenha apresentado o apóstolo apenas como um acusado, e não como um criminoso. Como as acusações diziam respeito somente a questões religiosas dos judeus, as autoridades de Roma não parecerem ter dado muita importância àquele caso. Por isso Paulo teve licença de morar numa casa particular, embora sempre vigiado por um guarda.

Aproveitando-se dessa relativa liberdade, certo dia ele reuniu em sua casa diversos chefes judeus, com os quais conversou demoradamente, expondo os motivos de sua prisão. Nesse primeiro encontro, Paulo fez ver aos judeus, por ele chamados de irmãos, que não dera qualquer motivo para tanto ódio e perseguição da parte dos seus inimigos: "Eu nada fiz contra o nosso povo, disse ele, nem contra as nossas tradições. No entanto fui preso em Jerusalém, e entregue aos romanos. Estes quiseram libertar-me; nada encontraram em mim que merecesse a pena de morte. Mas por causa da oposição dos judeus tive de apelar para César. Pedi para falar convosco, pois é por causa da esperança de Israel que estou carregando estas algemas".

Os ouvintes ficaram impressionados com essas palavras isentas de qualquer ressentimento ou acusação aos judeus. E observara: "Da nossa parte podemos dizer que não recebemos carta alguma de Jerusalém a teu respeito. E, dos irmãos que aqui chegaram, nenhum manifestou algo de reprovável na tua conduta". Interessados em saber mais a respeito das ideias daquele compatriota, bem como da seita que professava, combatida, como se dizia, em toda a parte, o grupo combinou uma nova entrevista.

No dia marcado, a turma, já bem mais numerosa, apresentou-se na casa do apóstolo. E este falou com o entusiasmo e a convicção de sempre. Argumentando com Moisés e os profetas, provou que Jesus nazareno era realmente o Salvador enviado por Deus ao povo de Israel, e a todos os povos do mundo. A conferência prolongou-se o dia todo. Resultado: alguns concordaram plenamente com as ideias de Paulo, e aceitaram sua doutrina. Outros porém mostraram-se contrários. E dividido o grupo os dissidentes foram retirando-se, e não se interessaram mais pelo pregador. Ouviram no entanto uma advertência do apóstolo: "Com os ouvidos ouvireis, mas sem compreender; ficareis olhando, e nada vereis (Is 6,9). Ficai, pois, sabendo que a salvação foi enviada também aos gentios; e eles saberão atendê-la".

Nos Atos dos Apóstolos São Lucas termina a sua narração sobre esse cativeiro de Paulo em Roma dizendo: "Por dois anos inteiros permaneceu Paulo naquele alojamento que havia alugado. Acolhia a todos que o procuravam, pregando o reino de Deus" (28,30).

Após esses dois anos de reclusão, Paulo foi posto em liberdade (ano 63); e pelo que sabemos através de algumas cartas suas, ele deve ter visitado ainda outras cidades, fazendo apostolado. Com isso certamente continuou incomodando aos judeus, e também aos romanos, devido à corrupção em que viviam. Por tudo isso Paulo sabia que era um homem marcado, e estaria prevendo muito bem o fim que o esperava. Não sabemos porém quando ele foi novamente encarcerado, nem o ano de sua morte. Segundo uma tradição bem fundada, ele foi decapitado em Roma, no ano 67, durante o reinado de Nero.

Reflexão

Na sua Segunda Carta a Timóteo (2,9) Paulo diz que, embora estivesse ele preso, a palavra de Deus nunca seria encarcerada. De fato; confinado em sua casa de Roma, e mesmo no cárcere, o apóstolo continuou pregando, e fazendo discípulos. Somente a morte pôde calar a sua voz. No entanto justamente essa morte foi a sua pregação mais forte e impressionante. A Igreja a celebra todos os anos (29 de junho) e nós também precisamos meditá-la, pois essa foi a sua carta por excelência, porque escrita com o sangue do seu martírio.

Pelo menos até hoje, Deus não exigiu que sofrêssemos tanto por seu nome como exigiu do apóstolo. Mesmo assim não podemos ignorar que Deus faz questão também da nossa vida. E temos de vivê-la, não na liberdade de um paraíso, mas na prisão deste mundo de lutas e sofrimentos. Que nos anime e conforte a mesma esperança do apóstolo que escreveu: "Tudo posso, apoiado naquele que me sustenta" (Fl 4,13)

PAULO, APÓSTOLO

Já vimos que para Paulo não foi fácil apresentar-se como convertido, e principalmente como apóstolo às comunidades de Damasco e Jerusalém. Sua conversão fora algo humanamente inacreditável. Os cristãos recém-convertidos não esqueciam o ódio e a fúria daquele perseguidor chamado Saulo. E as barbaridades cometidas por ele contra homens, mulheres, e até crianças, pelo simples fato de serem cristãos, não podiam ser ignoradas de um dia para outro. Muitos achavam que aquela conversão podia bem ser uma artimanha, ainda mais revestida como estava de cores tão dramáticas, e até violentas. Um lobo como Saulo, de repente transformado em inocente cordeirinho? Não dava mesmo para acreditar.

Enfrentando toda essa desconfiança, o apóstolo tratou logo de provar que era um homem absolutamente sincero, incapaz de enganar a quem quer que fosse. Pouco tempo após seu batismo, já estava ele na sinagoga de Damasco, pregando aos judeus, seus compatriotas, que o Cristo era realmente o Filho de Deus (At 9,20). Logo depois, em Jerusalém, diante de seus ex-amigos mestres da Lei, o assunto de suas pregações foi o mesmo. Todos puderam convencer-se de que o perseguidor estava mesmo convertido, tanto assim que a fúria dos judeus voltou-se toda contra Saulo, e ele teve de viajar para Tarso.

Aqui, sua cidade natal, ele era lembrado como um judeu igual aos outros: zeloso das tradições, e cumpridor da Lei. Tanto assim que viajara para Jerusalém, a fim de se aprofundar mais no conhecimento da doutrina judaica, ouvindo os famosos mestres da Capital. De repente esse homem reaparece na sua terra, apresentando-se como convertido. Possível? Ninguém podia explicar nem admitir tal mudança. Mesmo assim Paulo não se acovardou. Estudando sempre não perdia oportunidade para propagar a nova doutrina, tanto em sua cidade como pelas cidades vizinhas.

Mas a maior dificuldade para ele era apresentar-se como apóstolo, enviado pelo próprio Cristo, como pregador do Evangelho. Para os gentios, o pregador de uma nova doutrina tinha de ser uma pessoa extraordinária, de porte majestoso, imponente em seus gestos, de uma voz forte e retumbante. Mas Paulo não tinha nada disso. Pelo que sabemos, era um homem simples, de baixa estatura, sem nada de extraordinário que pudesse impressionar ou atrair. Disso se valiam seus inimigos, para dizer, em toda parte, que ele não passava de um intruso e espertalhão, pois não fora escolhido por Cristo como os demais apóstolos.

Realmente neste ponto a situação se complicava para Paulo. Que argumentos ele tinha para provar a origem divina do seu apostolado? Não convivera com Cristo, nem sequer o havia conhecido; pelo contrário, viveu sempre combatendo o nazareno e seus seguidores. E agora... dizendo-se escolhido pelo Mestre como os demais apóstolos? A única prova que Paulo podia apresentar: a visão que tivera a caminho de Damasco, e as palavras que o Mestre lhe dirigiu naquela ocasião. Mas para muitos esse argumento não chegava a convencer, já que visão... qualquer um pode ter.

Compreendendo assim a insistência com que o apóstolo acentua, em todas as suas cartas, a origem divina da sua escolha, e da sua missão. Disso ele estava plenamente convencido, razão pela qual não se deixou abater. Que o aceitassem ou não, nenhuma dificuldade o afastaria da missão que Cristo lhe confiara. Se para isso faltavam-lhe qualidades naturais, a Graça não lhe iria faltar.

Daí a segurança com que sempre se apresentava: "Paulo, apóstolo não pelos homens, mas por Cristo e Deus Pai" (Gl 1,1). "Paulo, apóstolo de Cristo, pela vontade de Deus" (2Cor 1,1). "Paulo, convocado apóstolo, e destacado para o Evangelho" (Rm 1,1-15). "Aqueles que gozavam de autoridade, em nada me contestaram. Pelo contrário, vendo que me fora confiada a evangelização dos gentios, assim como a Pedro a evangelização dos judeus, reconheceram o dom da Graça que me foi concedido" (Gl 2,8-9).

Consciente da sua condição de apóstolo, Paulo sempre a defendeu contra aqueles que a tentavam negar. Mas embora sua escolha para o apostolado estivesse marcada por circunstâncias extraordinárias, nem por isso se envaideceu. Pelo contrário, a humildade está presente em vários textos de suas cartas, mostrando-nos como ele se considerava servo de Cristo, e por isso um simples servidor dos seus semelhantes. Para ele o apostolado era sim, uma honra que Deus lhe concedera; mas uma honra a serviço do Evangelho.

Lembremos aqui apenas alguns textos: "Paulo, servo de Cristo Jesus" (Rm 1,1). "Que todos nos vejam como servos de Cristo, e administradores dos mistérios de Deus"

(1Cor 4,1). "A nossa capacidade vem de Deus, que nos fez ministros do Novo Testamento" (2Cor 4,9). "No desempenho de tal cargo nós não fraquejamos" (2Cor 4,1).

Foi com essa certeza de ser apóstolo e servo de Cristo que Paulo renunciou a todas as regalias e facilidades que teria em Jerusalém como mestre da Lei, para aceitar, com todos os sofrimentos, a sua missão de fazer-se tudo para todos.

Reflexão

Pelo batismo, todos nós fomos também chamados e escolhidos para o apostolado. Temos de ser a luz do mundo, principalmente com o exemplo de nossa vida. E por que será que essa responsabilidade nos preocupa tão pouco? É que o verdadeiro apostolado não condescende com a nossa vaidade, nem muito menos com o nosso comodismo. Apostolado é serviço; e infelizmente nem sempre estamos dispostos a servir. Para que a meditemos, a palavra do Mestre de todos os apóstolos continua no Evangelho: "Não vim ao mundo para ser servido, mas apenas para servir" (Mt 20,28).

O EVANGELIZADOR

scolhido por Deus para o apostolado, Paulo sabia que a sua missão não era outra a não ser pregar e difundir o Evangelho. E isto significava para ele mostrar a todos a figura de Cristo como Mestre e Salvador do mundo. Daí a sua profunda humildade, mostrando-nos que em sua missão de evangelizador ele não buscava pregar a si mesmo, ou fazer alarde de sua sabedoria. Era apenas um servidor do Evangelho, e isso, pela vontade daquele que o escolhera: "Sou o último dos apóstolos, e nem mereço ser chamado assim, pois vivi perseguindo a Igreja de Deus" (1Cor 15,9).

O apóstolo reconhecia que o seu físico franzino, os parcos recursos de sua voz e de seus gestos não podiam apresentá-lo a seus ouvintes como um grande e imponente orador. Além disso a doutrina que pregava não oferecia assuntos ou mensagens de sabedoria humana. Por isso apoiava-se unicamente em sua fé, em sua profunda convicção, aliadas a uma imbatível perseverança em meio a todos os sofrimentos.

Lembremos aqui algumas passagens das suas cartas, que bem mostram o feitio humilde e despretensioso do grande evangelizador: "Em nada fui inferior aos demais apóstolos, se bem que nada sou" (2Cor 12,12). E isto ele já havia deixado claro na Primeira Carta aos fiéis de Corinto, quando escreveu: "Chegando a vós, irmãos, eu não dei um testemunho de Deus com excessos de palavras e de sabedoria; fiz questão de pregar somente o Cristo, e o Cristo crucificado. Entre vós eu vivi doente, medroso, até acanhado, pois a minha palavra e o meu modo de pregar não recorriam a artifícios retóricos de humana sabedoria" (1Cor 2,1-4). "Cristo nos mandou pregar o Evangelho, e isto não com uma linguagem rebuscada, para não esvaziar a cruz do Cristo" (1Cor 1,17).

Em diversas outras passagens aparece a constante preocupação do apóstolo de falar simples, e ao alcance de todos: "Para os perfeitos falamos, sim, de uma sabedoria, mas não da sabedoria deste mundo. Não falamos com palavras estudadas de acordo com a sabedoria humana, mas com os recursos do

Espírito, propondo verdades do Espírito, a pessoas que vivem do Espírito" (1Cor 1,13). "Eu plantei; Apolo regou; mas foi Deus quem fez crescer. Por isso, nem aquele que planta é alguém, nem aquele que rega, mas só Deus; somos apenas os seus colaboradores" (1Cor 3,6-10). "Não profanamos a palavra de Deus, como alguns que assim o fazem, mas falamos com simplicidade" (2Cor 2,17). "Não nos pregamos a nós mesmos, mas ao Cristo Jesus" (2Cor 4,5).

Aí está, nessas passagens, o evangelizador que não se preocupava com receber elogios, nem com fazer amizades ou admiradores. Seu único desejo era pregar o Evangelho, levando a todos o conhecimento de Cristo, a única Verdade. Podemos dizer que essa foi a ideia fixa que o levou a suportar todas as lutas, todos os sacrifícios e perseguições: "Tudo o que fizerdes, em palavras ou obras, seja sempre em nome de Jesus, o Senhor, dando por ele graças a Deus" (Cl 3,17).

Justamente por não ter uma presença humana capaz de arrebatar as multidões, por não se apresentar apoiado pelos ricos e poderosos, Paulo teve a seu favor o desinteresse e a sinceridade que ninguém lhe podia negar. Pregador do Evangelho, ele não pregava a si mesmo; o que ensinava não era doutrina sua, e a autoridade com que o fazia não lhe vinha dos homens, e muito menos de suas qualidades pessoais. Todos podiam notar que ele pregava o Cristo e sua doutrina simplesmente porque desempenhava uma missão recebida de Deus. Por isso não precisava agradar nem fazer amigos; doesse a quem doesse, ele pregava o Evangelho porque era essa a sua missão: "Como Deus nos julgou dignos de ensinar o Evangelho, assim falamos, não para agradar os homens, mas a Deus que sonda os corações. Nunca usamos de bajulações, nem tivemos pretextos de ganância; não procuramos glórias humanas, nem de vós, nem de outros. Como apóstolo de Cristo poderíamos fazer alarde, mas preferimos ser simples em vosso meio" (1Ts 2,3-12). "Renunciamos a segundas intenções, não usando de astúcias, ou abusando da Palavra de Deus. Pelo contrário, foi às claras, e como amigos da Verdade, que nos apresentamos à consciência de todos perante Deus" (2Cor 4,2).

Paulo tinha consciência da sua missão. E nada deste mundo o iria afastar do cumprimento do seu dever. Certo de que Deus o escolhera, ele saberia corresponder, custasse o que custasse: "Se anuncio o Evangelho não é mérito meu, motivo para me gloriar; é, sim, uma obrigação. E, ai de mim, se não pregar o Evangelho" (1Cor 9,16). "É o amor a Cristo que me impele" (2Cor 5,14). "Sou devedor a gregos e a bárbaros, a sábios e a ignorantes; não me envergonho do Evangelho" (Rm 1,14-16).

Sentindo-se devedor a todos, Paulo sabia que a sua dívida maior era com o Cristo. Aquele Saulo, perseguidor implacável da Igreja, e pavor dos primeiros cristãos — esse o homem que Cristo escolheu para levar o Evangelho a todos os povos do mundo.

E foi para cumprir a sua missão que ele viveu viajando sempre, sem descanso. Sofrimentos de toda sorte, até mesmo o martírio, tudo ele aceitou, para, de alguma forma, retribuir a sua escolha para o apostolado.

Reflexão

Paulo soube ser agradecido à infinita misericórdia que, não olhando para as suas culpas de perseguidor, dele fez o grande apóstolo do Evangelho. Se Deus fosse olhar para a nossa miséria e indignidade, que seria de nós? Ninguém tão Pai como Deus. É por isso que ele nos acompanha, nunca usando da sua justiça, mas perdoando-nos sempre, através da sua infinita misericórdia. De tanto que ele já nos perdoou, nós nem sabemos o quanto ele já nos terá perdoado. E qual foi até agora o nosso agradecimento?

O ROCHEDO

Nas páginas do Evangelho, Pedro é certamente o apóstolo que mais aparece sempre ao lado do Mestre, e depois exercendo o cargo de Pastor Supremo da Igreja neste mundo. Mas na vida e desenvolvimento da Igreja primitiva Paulo é, sem dúvida, a figura de maior relevo, por tudo o que realizou e sofreu como "o apóstolo" por excelência.

Não foi com orgulho, mas com toda a clareza da Verdade que, referindo-se aos demais apóstolos, Paulo afirmou: "Trabalhei mais do que os outros; não eu, certamente, mas a Graça de Deus comigo" (1Cor 15,10). E ele não exagerou, pois foi apóstolo, não somente pregando, mas também escrevendo e principalmente sofrendo pela expansão do reino de Cristo.

Não sabemos ao certo quantas cidades, e até regiões, foram evangelizadas por seu zelo infatigável. De algumas falam as suas Cartas; de outras, fazem referência os Atos dos Apóstolos. O certo é que a dedicação de Paulo não conhecia limites nem dificuldades. E fazia questão de pregar sempre onde outros ainda não tivessem trabalhado: "Preferi não anunciar o Evangelho onde o nome de Cristo já era conhecido, para não edificar sobre fundamento alheio" (Rm 15,19-28). E isso significa que a sua norma de trabalho era procurar sempre o mais difícil para si. Chegou mesmo a projetar uma viagem missionária à Espanha, naquele tempo inteiramente pagã; e teria ido ainda mais longe, se dispusesse de tempo e recursos para tanto.

Como apóstolo da pena, Paulo deixou-nos diversas Cartas, além de outras que se perderam, e não chegaram até nós. Todas elas cheias de doutrina, eram também um meio do qual o apóstolo se servia para animar as comunidades, resolver problemas pastorais, ou responder a consultas que lhe endereçavam. Fazia questão de lembrar sempre a autoria das Cartas, assinando-as, e mandando que fossem copiadas e distribuídas às comunidades vizinhas. Anotamos aqui algumas passagens desses escritos, nos quais podemos ver o apóstolo ensinando, corrigindo, e fortalecendo a todos na fé: "Permanecei firmes, irmãos, e conservai o que aprendestes, seja à viva voz, seja mediante alguma Carta" (2Ts 2,15). "Agradecemos a Deus porque, ao receber de nós a palavra de Deus, não a aceitastes como simples palavra humana, mas como é realmente, a palavra de Deus" (1Ts 2,13). "Eu vos escrevi para verificar se, afinal, sois capazes de obedecer" (2Cor 7,8). "Enfim, meus irmãos, alegrai-vos no Senhor" (Fl 3,1). "Eu vos escrevi com certa ousadia, para avivar vossa memória em vista da graça que me foi dada por Deus" (Rm 15,15)

Este texto mostra-nos que o próprio apóstolo reconhecia ter escrito, às vezes, "coisas difíceis de se entender". Não o fez porém por vaidade, mas para que os leitores se lembrassem da sabedoria que lhe fora dada por Deus (2Pd 3,15), isto é, da inspiração com que escrevia.

Sendo entre os apóstolos aquele que mais tinha trabalhado, podemos acrescentar sem exagero: Paulo foi também o apóstolo que mais sofreu. E ele mesmo apelou várias vezes para esse argumento, como prova da legitimidade do seu apostolado. É claro que o autor dos Atos não nos pôde relatar tudo o que o apóstolo sofreu, com a sua doença (provavelmente malária), com as perseguições, e com aquelas viagens intermináveis, passando fome, sem recursos, e até naufragando em meio a tempestades. Por aquilo que ele mesmo nos deixou em suas Cartas, podemos fazer uma ideia do quanto ele sofreu para realizar a sua missão: "Em trabalhos, em prisões, e, muito mais, em açoites; muitas vezes açoitado pelos judeus, uma vez apedrejado três vezes naufraguei, um dia e uma noite perdido em alto-mar; em viagens sem número, perigos nos rios, perigos dos salteadores, perigos da parte dos meus compatriotas, perigos da parte dos gentios, perigos nas cidades, nos desertos, no mar, perigos da parte dos falsos irmãos. E mais ainda: os trabalhos, o cansaço, as numerosas vigílias, a fome, a sede, os múltiplos jejuns, o frio, a nudez. E ainda a minha preocupação contínua com todas as comunidades (2Cor 11,23-33). "Creio que Deus designou a nós, apóstolos, o último lugar, o dos condenados à morte, pois somos um espetáculo para os anjos e para os homens. Passamos fome e sede, não temos onde morar, cansamo-nos trabalhando com nossas mãos; se amaldiçoados, abençoamos; se perseguidos, aguentamos; e quando caluniados, consolamos. Somos o lixo do mundo" (1Cor 4,9-13).

Compreendemos que muitas vezes tenha o apóstolo sentido o peso de tanto sofrimento. É quando nos lembramos onde estava o segredo da sua força: "Tudo posso naquele que me sustenta" (Fl 4,13). Só mesmo um rochedo como Paulo pôde sofrer tanto, desafiando todas as tempestades de sacrifícios, de lutas, e até do martírio, sem se abater, sem desanimar. Um rochedo plantado sobre uma fé inabalável, e sobre um apaixonado amor ao Cristo.

Reflexão

Aquele rapaz, possuidor de grande fortuna, queria seguir o Mestre. Mas dele ouviu esta frase: "Venda tudo o que você tem; dê o dinheiro aos pobres; depois, pode vir. E o rapaz retirou-se aborrecido" (Mc 10,17-23).

Será sempre assim. A santidade não é para os covardes e medrosos; ela exige coragem e decisão. Os apóstolos, os mártires, enfim, os santos de todos os tempos não se santificaram com meias medidas, pois o Mestre já nos avisou: "Se alguém me quiser seguir, tome aos ombros a sua cruz" (Mc 16,24). Outra fórmula não existe.

Foram os santos de ontem que fizeram os santos de hoje — todos eles de acordo com a palavra do Mestre. Olhando para essa figura extraordinária de Paulo, nós nos convencemos de que Deus não constrói o seu reino com pedras movediças; ele precisa é de rochedos.

Carta (Oração)

Paulo, meu irmão caríssimo:

Espero que não estranhe por eu chamá-lo de irmão. Não o somos? Sim, pela mesma fé, pelo mesmo batismo, e pela mesma vocação, pois eu, como o Senhor, também devo ser figura de Cristo neste mundo. Sei que essa Vocação o Senhor a realizou fielmente (após a conversão, é claro). E se eu ainda não me converti, peço ao Senhor que me compreenda. É que, às vezes, falta-me aquela coragem, aquela decisão que marcaram a sua vida. Nem sempre a Verdade me atrai, como atraía o Senhor. Pelo contrário, às vezes, ela me incomoda; e o Senhor compreende que isso aconteça para quem ainda está vivendo em carne e osso, neste mundo de orgulho, de comodismo e vaidades.

Quando andou por aqui, o Senhor pôde conhecer judeus e romanos, gregos e gentios. Alguns, sinceros, limpos de coração; outros, porém, falsos e cheios de maldade. Pois eu, meu irmão, tenho um pouco de todos eles; e já me convenci de que, às vezes, eu tenho muito mais de Saulo do que de Paulo. Sabe por quê? Bem, o Senhor se converteu, sim; mas isso porque a Graça o dobrou; quem o converteu mesmo foi o Pai. Comigo acho que vai ser assim também. Terei de me esforçar, é claro; mas o tombo final do cavalo... terá de ser obra da Graça. Do contrário... nada posso garantir. Por isso peço ao Senhor que me dê uma mãozinha. Assim espero, assim seja.

Mais um pedido, Paulo: o Senhor certamente se lembra do tempo em que viveu neste mundo. Viu de perto as agruras que o povo sofria, tanto nas grandes como nas pequenas cidades; conheceu o perigo dos ladrões salteadores, a crueldade dos poderosos contra os fracos, as injustiças, perseguições e desordens de toda classe. Que acha o Senhor do mundo em que agora vivemos? Será que mudou? Eu acho que, se mudou, foi para pior. Veja bem: por toda parte um paganismo venenoso, ora disfarçado, ora deslavado; injustiças e perseguições que clamam aos céus; a miséria desumana de muitos, oprimida pela riqueza escandalosa de outros; uma corrupção de costumes que em nada perde para aquela que o Senhor condenou na Roma do seu tempo. Será que isto vai continuar assim? Até quando teremos de viver neste "mundo civilizado"?

Paulo, meu irmão, agora que o Senhor está vivendo a glória eterna, vê se dá uma olhadinha para este mundo. Quando andou por aqui o Senhor pregou, escreveu, e também fez coletas em benefício dos pobres de Jerusalém. Tente agora fazer aí, entre os eleitos, uma coleta de desprendimento e de caridade, em favor dos nossos ricos e poderosos, para que eles se lembrem mais dos pobres; uma coleta de fé e resignação para os que sofrem perseguições e injustiças; uma coleta de consciência e dignidade para aqueles que vivem semeando a corrupção em toda parte; e, finalmente, uma coleta de simplicidade e firmeza em favor da nossa Igreja, combatida por inimigos de fora, e de dentro também, para que ela, apesar de tudo, possa continuar a presença de Cristo neste mundo.

Ah! ia me esquecendo: eu também preciso de uma coleta; de quê? O Senhor já sabe. Paulo, tenha dó de nós! Precisamos muito de sua intercessão, para que o reino deste mundo, já tão complicado, não nos complique também o reino de Deus.

E agora um último pedido, que eu espero esteja de acordo com a vontade do Pai. O Senhor não foi o apóstolo que mais trabalhou e mais sofreu pelo nome de Cristo aqui na terra? Sem dúvida. E como é que o Senhor acabou assim tão esquecido pelos fiéis, e até pelos religiosos da nossa Igreja? Quanto não teríamos a ganhar, se continuássemos ouvindo a sua palavra, e meditando os seus exemplos! Quanta lição o Senhor ainda nos poderia dar com aquele seu desprendimento, com sua caridade, seu zelo, e, principalmente, com o seu amor apaixonado pelo Cristo!

Paulo, meu irmão, vê se dá um jeito de aparecer um pouco mais aos olhos deste mundo tão necessitado de uma figura brilhante e atraente como a sua. Apareça, brilhe mais aos nossos olhos, para que possamos ver melhor o Cristo, pois já estamos cansados de ver ídolos por toda parte; e que ídolos!...

Continue pregando, não como outrora, nas reuniões e sinagogas, porque hoje isso já não dá resultado; sem cátedra, e sem opositores, fale mais no íntimo de cada consciência, de cada coração. Sim, Paulo, o mundo atual está precisando urgentemente da sua presença; não nos convém que o Senhor continue assim, tão escondido, e tão apagado.

Bem; por hoje, é só. Teria ainda muito para lhe escrever. Mas embora dirigida ao mais ilustre dos cidadãos romanos, esta carta não pode ser tão longa como aquela sua Carta aos romanos, não acha?

Por enquanto vou ficando por aqui. Quando eu aí chegar — e já estou chegando — então sim, iremos conversar melhor, e mais à vontade. O Senhor mesmo escreveu: "Olhos e ouvidos humanos jamais poderão compreender o que Deus preparou para aqueles que o amam neste mundo" (1Cor 2,9). Assim sendo... até lá, meu irmão! Até lá, na paz eterna do Pai! Amém.

ÍNDICE

Apresentação 3
Judeu cem por cento 5
O convertido 11
Em silêncio e oração 16
Primeiros anos 22
O missionário 28
Segunda viagem missionária 36
Terceira viagem missionária 45
Paulo e seus pilatos 51
A última viagem 56
Paulo, apóstolo 61
O evangelizador 66
O rochedo 71
Carta (oração) 76